München **farbig**

1946 – 1965

Für das Ausstellungsprojekt in der Architekturgalerie München
vom 16. August bis 16. September 2018
erhielten wir freundliche Unterstützung durch:

Schnitzer&
Schnitzer& GmbH, München

Bayerisches Landesamt für Denkmalpflege München

Erzbischöfliches Ordinariat München

Hotel Bayerischer Hof München
Innegrit Volkardt

Sebastian Winkler Franz Schiermeier

München farbig
1946 – 1965
Vom Trümmerfeld zum U-Bahnbau

Vorgeschichte

Schon wieder ein München Fotoband und dann auch noch in Farbe? Gibt es davon nicht schon mehr als genug?

Die Antwort lautet „nein", wenn es um die Zeit nach dem Ende des Zweiten Weltkriegs geht. Nichts mag selbstverständlicher erscheinen als die Verfügbarkeit von Farbfotos aus den Jahren nach 1945. Tatsächlich aber kennen wir aus dieser Zeit unsere Stadt in Farbaufnahmen bestenfalls von Postkarten.

Die Ära der Farbfotografie als Massenmedium begann bereits im Jahr 1936 mit der Herstellung und dem Verkauf von Farbdiafilmen durch die Firmen Agfa und Kodak. Damit diese Filme auch von Amateurfotografen angenommen werden konnten, wurde der Preis künstlich niedrig gehalten. Während des Zweiten Weltkriegs wurden Farbdiafilme sowohl von Kriegsberichterstattern als auch von Soldaten in großen Mengen verwendet. (Die in zahlreichen Sprachen publizierte NS-Propagandazeitschrift „Signal" druckte einen Teil der Bilder in Farbe.)

In den Jahren nach 1945 war Fotomaterial zunächst einmal knapp und teuer, das galt besonders für Farbfilme. Fanden diese Verwendung, dann galt das in erster Linie der Wiedergabe einer schönen und heilen Welt, also der Natur und der vom Krieg unversehrten historischen Bauten und Städte. Da die Printmedien seinerzeit weitestgehend Fotos in Schwarz-Weiß abdruckten, arbeiteten Berufsfotografen nur in Ausnahmefällen mit Farbfilmen.

Die von der Zerstörung gezeichneten Städte wurden durch deutsche Amateurfotografen zum größten Teil auf Schwarz-Weiß-Fotografien festgehalten. So überrascht es wenig, dass die hier gezeigten Bilder überwiegend von amerikanischen Touristen und Militärangehörigen stammen. Sie wurden beim Anblick der Ruinen sicherlich an die Effizienz der alliierten Bombergeschwader erinnert, empfanden die Kriegsruinen aber womöglich auch als pittoresk.

Nur zu einzelnen Fotos gibt es Namen und diese stammen von deutschen Amateurfotografen. Das farbige Bildmaterial existiert zumeist in Form von Dias, der Anteil von Farbfotos auf Papier ist vor 1960 ganz allgemein noch sehr klein und beschränkt sich in unserem Buch auf einzelne wenige Bilder.

Erst im Laufe der 1960er-Jahre nimmt die Verwendung von Papierabzügen bei Farbbildern mehr und mehr zu. Schließlich – im Jahr 1972 – war der Verbrauch von Colorpapier in etwa so hoch wie der von Schwarz-Weiß-Papier. Die höchste Qualität bei den Farbdias erreichte der Kodachrome-Film. Seine Schärfe, Feinkörnigkeit und die lebendigen Farben blieben unerreicht.

Für das vorliegende Buch wurde die Farbwiedergabe der Fotos zum Teil leicht verändert, um zu große Gegensätze zwischen den teilweise sehr unterschiedlichen Farbidentitäten einzelner Bilder auszugleichen.

Touristen gleichen sich in ihrem Interesse für die Sehenswürdigkeiten des von ihnen besuchten Orts und dementsprechend ähnelt sich die Auswahl der von ihnen festgehaltenen Motive.

Auch im München der 1950/60er-Jahre sah die Rangfolge der beliebtesten touristischen Sehenswürdigkeiten in etwa so aus: Marienplatz und Umgebung, Alter Peter, Stachus, Nationaltheater, Hauptbahnhof, Odeonsplatz, Dom, Hofbräuhaus, Viktualienmarkt, Lenbachplatz, Königsplatz, Maximilianeum, Deutsches Museum usw. und dann ganz wichtig: das Oktoberfest mit dem Trachtenumzug. Von den modernen Bauten der Nachkriegszeit werden bestenfalls der Kaufhof am Stachus, die Matthäuskirche und der Hauptbahnhof mit der Kamera festgehalten, nur sehr selten die Maxburg von Sep Ruf und Theo Pabst. Was uns heute am Stadtbild der Nachkriegszeit am meisten interessiert: Ruinen, Behelfsbauten und Baustellen, also die zeittypischen Übergangsszenerien, ist auf den erhaltenen Farbdias eher selten zu sehen.

Auf einigen der gezeigten Fotos finden sich solche Motive, das für uns heute Interessante ist eher im Bildhintergrund, also nur „Beifang". Unser Anliegen war es, nicht primär „schöne", sondern möglichst interessante Fotos zu zeigen, auf denen die gewaltigen Veränderungen im Stadtbild in diesem Zeitraum nachvollziehbar sind und zusätzlich auch Eindrücke vom Leben der Münchner in der vom Wirtschaftswunder geprägten Stadt wiedergeben.

Meine Sammelleidenschaft für alte Fotos mit Münchner Stadtansichten begann bereits in den frühen 1980er-Jahren und wurde noch verstärkt durch die wichtigen von Eva Graf und den Leiter des Stadtarchivs Dr. Richard Bauer veröffentlichten Fotobände zum Stadtbild des alten München. Sie begannen ihre verdienstvolle Arbeit im Jahr 1982 mit der Veröffentlichung von Fotos aus der Sammlung Karl Valentin, darauf folgten die unverzichtbaren drei Bücher mit Fotos von Georg Pettendorfer und weitere Titel. Das Buch soll daran anknüpfen und wird in der Zukunft sicherlich noch manche Fortsetzung erfahren.

Lange Zeit brachte ich Farbfotos wenig Aufmerksamkeit entgegen. Erst mit dem Erwerb von einigen Farbnegativen vor beinahe 15 Jahren wurde mein Interesse daran mehr und mehr geweckt. Viele der abgebildeten Fotos habe ich über das Internet in den USA erworben.

Im Oktober 2016, als die Sammlung dann einen nennenswerten Umfang erreicht hatte, sprach ich zum ersten Mal mit Franz Schiermeier über die Möglichkeit einer Publikation in seinem Verlag. Dank seiner tatkräftigen und sachkundigen Unterstützung und auch Mitarbeit ist diese Publikation entstanden.

Ganz besonders wollen wir uns auch bei Eva Graf bedanken, die ihre große München-Kompetenz einbrachte und uns bei der Erstellung dieses Buchs außerordentlich hilfreich zur Seite gestanden hat.

Vorausgesetzt, es lässt sich noch weiteres interessantes Bildmaterial ausfindig machen, wäre ein Folgeband denkbar. Vielleicht besitzen Sie entsprechende Fotos, die Sie uns zur Verfügung stellen würden? Auch Hinweise auf vorhandene Ungenauigkeiten und eventuelle Fehler in diesem Buch nehmen wir gerne entgegen.

Ich wünsche mir, dass Sie als Leser mit unserem Buch so viel Freude haben wie ich beim Sammeln der Bilder.

Sebastian Winkler
München, Juni 2018

Einführung

Nicht nur die Besucher von auswärts sondern auch die Einheimischen können sich heute kaum noch vorstellen, wie die Stadt vor 70 Jahren ausgesehen hat. Am Ende des Zweiten Weltkriegs, am 8. Mai 1945 war die Innenstadt Münchens zu mehr als zwei Dritteln zerstört. Mehr als 6.600 Bürger verloren dabei ihr Leben, ca. 16.000 wurden verwundet. In 73 Luftangriffen der Alliierten wurde der größte Teil der Bausubstanz, wertvolle Innenausstattungen der Kirchen, Schlösser und Bürgerhäuser und große Teile der Infrastruktur vernichtet. 80.000 Wohnungen waren total zerstört, ein Drittel des Vorkriegszustandes.

Von vielen architektonischen Wahrzeichen der Stadt standen nur noch die Außenmauern: Frauenkirche, Residenz, Altes Rathaus, Neue und Alte Pinakothek, Glyptothek und Odeon, um nur einige zu nennen. Das Nationaltheater war zerstört, aus dem Residenztheater konnten wenigstens die wertvollen Rokoko-Schnitzarbeiten ausgelagert und gerettet werden. Mehr als die Hälfte der rund 200 Kirchen in der Stadt war schwer beschädigt.

Ein Weiterleben in dieser Ruinenlandschaft schien unmöglich. Der Kunsthistoriker Wilhelm Hausenstein schreibt in seinen Erinnerungen: „Der Eindruck ist grausig. Ich kann mir nicht denken, wie München je wieder zur Repräsentation dessen, was es gewesen ist, wiederhergestellt werden soll. Nicht als ob dies in sich unmöglich wäre. Aber die Herstellung wird nicht praktikabel sein, zumal im Zusammenhang mit dem Ruin der anderen Städte; sauf l'imprevu. Allein schon das Aufräumen, das Abtragen! Wird man wesentliche Ruinen stehen lassen und anderwärts, außerhalb Neues bauen? Wird man? Und wann? Werden Generationen zwischen, neben Trümmern leben? Der Untergang der Stadt ist im großen ganzen so radikal, dass ich mir eine Erneuerung nicht vorstellen kann, in technischer wie in wirtschaftlicher Hinsicht." Eine Zukunft für die Stadt München schien es für diesen Standort nicht zu geben.

Der von den Nationalsozialisten 1933 abgesetzte und von der amerikanischen Besatzungsmacht wieder einberufene Oberbürgermeister Karl Scharnagl ermahnte seine Mitbürger zur Ruhe und Ordnung aber auch zu gegenseitiger Hilfsbereitschaft in der „schwersten Zeit, die jemals unsere liebe Stadt München durchzumachen" hat.

Die Diskussion um den Wiederaufbau der Stadt wurde im Wesentlichen bestimmt von der Devise, die Oberbürgermeister Scharnagl formuliert hatte: „München will stark am alten Stadtbild und seiner Behaglichkeit festhalten." Schon vor Kriegsende hatten Planer und Städtebauer wie Stadtbaurat Karl Meitinger, der spätere Wiederaufbaureferent Karl Preis und Georg Lill, der Leiter des Landesamts für Denkmalpflege sich darauf geeinigt, das herkömmliche Bild der „alten" Stadt weitgehend wieder zu verwirklichen. Sehr konkret, wenn auch unter großen Mühen wurde dieser Plan umgesetzt, wie Carmen Enss in ihrem Buch „Münchens geplante Altstadt" detailliert nachweist.

Die Wahrung oder Wiederherstellung des historischen Erscheinungsbildes entsprach nicht nur der konservativen Grundeinstellung der Bürger und der Verantwortlichen, sondern auch dem Wunsch, die Attraktivität der Stadt für den Fremdenverkehr wieder herzustellen.

Der ehemalige Stadtbaurat Karl Meitinger hatte in seiner Denkschrift zum Wiederaufbau „Das neue München" bereits 1946 alle Ziele formuliert, die dann auch weitgehend umgesetzt wurden – gegen die Proteste der Vertreter einer moderneren Architektur. V.a. bemühte man sich, den Charakter der mittelalterlichen Struktur der Altstadt in ihren Straßenverläufen und Platzanlagen zu übernehmen. Nur in wenigen Fällen wurden Straßen- und Platzräume aufgeweitet oder verändert, u.a. wurde die südliche Bauflucht des Marienplatzes zurückgesetzt, im Verlauf der Kaufinger- und Neuhauser Straße wurden Arkaden eingebrochen, die heute, wie an der Akademie, wieder gefährdet sind. Größere Stadtumbauten geschahen vor allem im Anger-Viertel. Der Oberanger wurde zu einer Durchgangsstraße, die alten Blockstrukturen im Bereich Rindermarkt, St.-Jakobs-Platz und an der Einmündung der Blumenstraße wurden aufgebrochen. Der vormals dicht bebaute Marienhof nördlich des Rathauses wurde nicht wieder bebaut.

Das heutige Bild einer scheinbar alten, historisch gewachsenen Stadt, in der die Spuren der nahezu völligen Zerstörung im Zweiten Weltkrieg getilgt sind, ergibt sich zum Einen aus der weitgehenden Übernahme der alten Strukturen. Zum Anderen wurden die für das Stadtbild prägenden Monumente, die Kirchen, die Bauten der Wittelsbacher und zumindest einige der Profanbauten wieder rekonstruiert.

In den ersten Jahren des Wiederaufbaus war die wirtschaftliche Entwicklung der Stadt nicht abzusehen. Mehr als andere deutsche Städte hatte München jedoch schon unmittelbar nach Kriegsende einen unaufhaltsamen Zustrom der Bevölkerung zu verzeichnen. Viele der 400.000 in den letzten Kriegsjahren evakuierten Bürger kehrten in die Stadt zurück. Ein von der Militärregierung verordnetes Zuzugsverbot mit max. 520.000 Einwohnern war nicht durchsetzbar. Bis 1949 bestand die Hauptaufgabe der Bautätigkeit in der Sicherung noch vorhandenen Wohnraums und der Erstellung von Notbehausungen, erst danach wurden auch im größeren Umfang Neubauten errichtet.

München 1958
Erst 1952 war sämtlicher Trümmerschutt abgeräumt – ca. 7,5 Millionen Kubikmeter, die auf drei Endkippen verbracht wurden: das Oberwiesenfeld, heute Olympiapark, der Luitpoldpark und der Neuhofener Berg in Mittersendling, heute noch sichtbares Zeugnis der Zerstörung der Stadt.

In erstaunlich kurzer Zeit begann sich das politische, wirtschaftliche und kulturelle Leben in der Stadt wieder zu normalisieren. Mit der Währungsreform von 1948 kam es zu einem rasanten wirtschaftlichen Aufschwung, dem Wirtschaftswunder der 1950er-Jahre. München wurde zu einem der bedeutendsten Industriestandorte in Deutschland. Wesentlichen Anteil hatte dabei auch der Umzug großer Unternehmen wie der Firma Siemens von Berlin nach München. Zur festlichen 800-Jahr-Feier des Stadtjubiläums im Jahr 1958 war die Stadt mit ihren historischen Wahrzeichen weitgehend wiederaufgebaut, nur noch einzelne Ruinen wie das Nationaltheater und das Verkehrsministerium erinnerten an die Zerstörung. Wie im Zeitraffer wird auf den hier gezeigten Bildern deutlich, dass aus einer Ruinenlandschaft in wenigen Jahren wieder eine funktionierende Großstadt entstanden ist.

Franz Schiermeier
München, Juni 2018

Das Luftbild mit Teilen der Altstadt
veranschaulicht das Ausmaß der Zerstörung.
Der Chor der Michaelskirche wird gerade
eingedeckt.
Um 1946

München 1948
Trümmerlandschaft

Der Dom hat bereits einen großen
Teil seines gewaltigen Dachstuhls
zurückerhalten.
Blick von der Weinstraße.
Februar 1948

Die Ruine des Alten Peter.
Der Umfang der Zerstörung macht
nachvollziehbar, dass die Ruine nach
Kriegsende zum Abriss freigegeben
wird. Blick von der Burgstraße.
Mai 1948

Die Südwestecke des Marienplatzes mit
den Resten des Hotels Peterhof.
Rechts das Roman-Mayr-Haus, an dessen
Wiederherstellung gearbeitet wird.
Mai 1948

Der Chor der Peterskirche.
Auch das Petersbergl selbst scheint durch die
Zerstörungskraft der Bomben weggesprengt zu
sein. Nur noch Teile der Metzgerzeile sind erhalten.
Mai 1948

Auch an der Michaelskirche wird umfassend
gearbeitet. Zwischen den Portalen ist noch die
Vermauerung zum Schutz der Bronzefigur des
Heiligen Michael zu erkennen.
Mai 1948

Das Kaufhaus Oberpollinger wird rekonstruiert.
Rechts daneben die ebenfalls stark zerstörte
Bürgersaalkirche, die als erste der Münchner
Kirchen bereits 1945/46 wiederhergestellt wird.
Die Flächen auf der Südseite der Neuhauser
Straße sind gerade erst vom Ruinenschutt befreit.
Februar 1948

Die Theatinerkirche hat im Vergleich zu den
anderen großen Münchner Kirchen geringere
Bombenschäden. Der Fotograf steht im Trümmerfeld zwischen Residenz- und Theatinerstraße.
Februar 1948

Das schwer zerstörte Nationaltheater an einem
milden Februartag im Jahr 1948.

Der ehemals monumentale Luitpoldblock
oder das, was von ihm übrig blieb.
Trotzig ragen einzelne Kamine in den Himmel.
Im Luitpold-Theater verkörpert Marika Rökk
erfolgreich „Die Frau meiner Träume".
Foto: Friedrich Speth, Juni 1948

Von der östlichen (heutigen) Adolf-Kolping-Straße
schauen wir hier in nordöstliche Richtung.
Links spitzt das Pini-Haus ins Bild, daneben
Neues Justizgebäude und Hotel Königshof,
das von der Kuppel des Justizpalastes überragt
wird. Auf den Trümmerflächen warten die übrig-
gebliebenen Stahlträger auf ihre Abholung.
Februar 1948

Blick von der westlichen Herzog-Wilhelm-Straße in
östliche Richtung. Im Vordergrund das von Bomben
aufgerissene Geviert von Herzog-Wilhelm-,
Herzogspital-, Damenstift- und Josephspitalstraße.
Neben dem Kamin links erkennt man den First
des Dachstuhls der Michaelskirche.
Mai 1948

Blick von der Sonnenstraße nach Nordosten.
Die Kreuzkirche wird hier halb verdeckt vom
Gerippe des Anwesens Herzog-Wilhelm-Straße 27.
Der Fotograf steht mit dem Rücken zum heutigen
Geschäftshaus Foto Sauter.
Mai 1948

Das Armeemuseum, hier noch mit den beiden
Seitenflügeln, ist bis zum Bau der 1993 bezogenen
Staatskanzlei die letzte große Kriegsruine
im Stadtgebiet. Blick vom Oberen Hofgarten.
Februar 1948

Auch vom Gebäude der Regierung von Oberbayern
stehen nur noch die Außenwände.
Februar 1948

Törring-Palais an der Ecke Brienner Straße/
Karolinenplatz. Ebenso wie das Palais ist auch
der zugehörige Eckpavillon zerstört.
Juni 1948

Die schwer getroffene Mariahilfkirche. Der erste neugotische Kirchen-
bau Deutschlands wird in vereinfachter Form wiederaufgebaut.
Foto: Friedrich Speth, Juni 1948

Der Kuppelbau des Verkehrsministeriums nach einer Planung von Carl Hocheder, 1906–1913 an der Arnulfstraße erbaut. Am 30. März 1924 startet im Sendesaal des Verkehrsministeriums der Bayerische Rundfunk mit seinem Hörfunkprogramm. 1959 wird die Kuppel abgerissen. Um 1958

Frauenkirche und Marienplatz

Der Blick geht von einer Dachterrasse an der Maffeistraße oder Schäfflerstraße zu den Türmen der Frauenkirche, deren zerstörte Kuppeln im Oktober 1945 zunächst mit Holz verschalt und 1953 durch neue Kuppelkonstruktionen aus Stahlbeton ersetzt wurden und eine Kupferverblechung erhielten. Am 9. Oktober 1953 können die goldenen Kugeln wieder auf die fertig gestellten Kuppeln gesetzt werden. Das Kirchendach ist bereits bis 1948 wieder eingedeckt.
1953

Sporerstraße und wieder aufgebaute Frauenkirche am 5. Februar 1956. Die Behelfsläden
rechts im Bild stehen an der Ecke Weinstraße/
Sporerstraße
Foto: Friedrich Speth

Perusastraße/Ecke Theatinerstraße im Jahr 1961,
rechts im Bild das Arco-Palais. Im Hintergrund ein
Turm der Frauenkirche. Das Eckgrundstück links
bleibt lange unbebaut und wird als Parkplatz
und Biergarten der benachbarten Franziskaner-
Gaststätte genutzt. Erst 1979 entsteht hier ein
Neubau für die im Luftkrieg zerstörte Engel-
Apotheke nach Plänen von Friedrich Haindl.

Der Biergarten neben dem Franziskaner von der Theatinerstraße aus im Jahr 1966. Im Hintergrund das bis 1963 wieder aufgebaute Nationaltheater.

Parkplatz und Biergarten von der Perusastraße aus im Jahr 1966. Grund für die Freihaltung dieses Grundstücks waren Überlegungen zu einer verkehrstechnischen Aufweitung an dieser Kreuzung.

Die Rathaus-Lichtspiele an der Ecke Weinstraße/ Filserbräustraße 1958. Es läuft der Farbfilm „Das Wirtshaus im Spessart" mit Liselotte Pulver und Carlos Thompson. Die Rathaus-Lichtspiele bestanden hier seit 1920 und wurden im April 1949 im wieder aufgebauten Gebäude neu eröffnet.

Weinstraße und Westfassade des Neuen Rathauses mit einem Blick in die Theatinerstraße und auf die Kirche St. Kajetan im Jahr 1958. Rechts hinter dem Rathaus auf dem Gelände des heutigen Marienhofes sind noch Behelfsläden zu sehen.

Eher zurückhaltend nähert sich die Dame, eine
amerikanische Touristin, den Plüschkamelen
am Eingang des bekannten Münchener Schlaf-
zimmerausstatters Betten Rid.
Um 1958

Die Behelfsbauten auf dem heutigen Marienhof
im Jahr 1966. Bis zum Zweiten Weltkrieg befindet
sich hier eines der am dichtesten bebauten
Gebiete der Münchner Altstadt, das im Dezember
1944 zerstört wird. Der Verzicht auf eine erneute
Bebauung ermöglicht bis heute eines der dauer-
haftesten Provisorien in der Stadt.

Blick vom Rathausturm nach Norden im Jahr 1956.
Am unteren Bildrand Rückgebäude an der
Schrammerstraße, deren Verlauf mit einem
Anschluss an die Maffeistraße neu angelegt wird.
Vor der Theatinerkirche das noch unbebaute
Grundstück mit den Behelfsbauten der Nachkriegs-
zeit, rechts davon die große unverputzte Mauer-
fläche: die Rückwand der Feldherrnhalle, freige-
stellt aufgrund der Zerstörung des Preysing-Palais.

Südlich der Kirche St. Kajetan befindet sich bis zu
seiner Zerstörung das Theatinerkloster.
Die Behelfsläden der Nachkriegszeit werden erst
in den Jahren 1970–72 durch die rekonstruierende
Bebauung des Theatinerhofs nach einem Entwurf
des Architekten Gustav Gsaenger ersetzt.
Die Theatinerkirche selbst erhält v. a. im Inneren
ebenfalls Schäden im Luftkrieg und wird bis 1949
weitgehend wiederhergestellt.

Die Pfisterstraße, rechts angeschnitten das Gebäude der ehemaligen Pfistermühle in der Sparkassenstraße. Im Hintergrund das in die Straßenflucht ragende Orlandohaus am Platzl.

Der Weinstadl in der Burgstraße, eines der ältesten erhaltenen Bürgerhäuser im Jahr 1952. Die ehemalige Stadtschreiberei hatte nur leichte Schäden im Zweiten Weltkrieg erlitten. Heute einer der wenigen mittelalterlichen Hofräume in München.

Marienplatz

Auf dem gesamten Areal zwischen Rindermarkt
und Marienplatz stehen gerade noch zwei Gebäude.
Die Rosenapotheke (ganz links, hier nicht sichtbar)
und rechts das Eckhaus, von dem wir hier nur die
Brandmauer sehen und das 1956 abgebrochen
wird (siehe Seite 47). Auf diesem Areal findet die
berühmte Aktion Ramadama statt, bei der Oberbürgermeister Wimmer gemeinsam mit Münchner
Bürgern den Kriegsschutt wegräumt.
Das Dach des Westteils des Neuen Rathauses hat
noch nicht seine alte Höhe zurückerhalten.
Um 1950

Noch ist der Marienplatz von Ruinen und Leer-
flächen bestimmt. Nur etwa fünf Jahre liegt das
Kriegsende zum Zeitpunkt dieser Aufnahme
zurück.
In der Kriegsruine links befand sich bis zur Zerstörung das Café Atlantik und nun, zahlungskräftige
neue Gäste erwartend, die Atlantic Bar. Heute
befindet sich hier das Kaufhaus Beck, dessen
Baulinie nach Süden hin ebenfalls zurückgenom-
men wurde.
Das Alte Rathaus ist baulich gesichert, später
wird auch die nördliche Durchfahrt im Erdgeschoß
erweitert.
Um 1950

Freier Blick zum Alten Peter, der zumindest
äußerlich bereits wiedererstanden ist. An der
prominenten Ecke Marienplatz/Ecke Rosenstraße
logiert in einem Behelfsbau das Textilkaufhaus
Knagge & Peitz, bis 1953 der noch heute
existierende Bau errichtet wird.
Das Kaufhaus Roman Mayr feiert gerade das
125. Jahr seines Bestehens.
1952

Ein Lieferfahrzeug steht auf der noch unbebauten
Fläche, die wie viele andere abgeräumte Trüm-
mergrundstücke auch als Parkplatz genutzt wird.
Hier sieht man die Rückseiten der hölzernen
Verkaufsbuden, die für einige Jahre dieses
Grundstück säumten. Im Hintergrund kann man
mit Mühe den Schriftzug Donisl entziffern.
Auch dieser Bau ist nur ein Provisorium.
Um 1950

Blick auf die Schauseite des Neuen Münchner
Rathauses am Marienplatz vom Rindermarkt aus.
Die komplette Häuserfront an der Südseite des
Platzes ist zerstört bzw. abgerissen, bis auf das
Eckgebäude zum Petersplatz und zum Rinder-
markt, das erst 1956 abgebrochen wird.
Auch das Rathaus hat erhebliche Schäden erlitten,
u. a. sind die meisten Dächer ausgebrannt.
Das Glockenspiel im Rathausturm wird bereits
im September 1945 auf Wunsch der amerikani-
schen Besatzungsmacht wieder in Gang gebracht.
Im Westtrakt des Rathauses befindet sich der
Sitz der amerikanischen Militärregierung.
Um 1952

Der Wiederaufbau ist am Marienplatz bis Ende
1955 weitgehend abgeschlossen. Vor allem fehlt
noch der erst in den 1970er-Jahren errichtete
Turm des Alten Rathauses.
Das 1954 fertiggestellte Kaufhaus Beck weist
auf die angebotenen „Herzerfreuenden Fest-
geschenke" hin.
Ein Vergleich mit dem Bild auf Seite 44 macht
die um 4,5 m zurückgenommene Baulinie auf der
Südseite des Marienplatzes deutlich.
Dezember 1955

Ein aus heutiger Sicht irritierender Blick vom
Westportal der Peterskirche. Kurz vor dem
Abbruch des linken Eckhauses findet sich hier
noch eine sehr stimmungsvolle Situation.
Winter 1955/56

Lücke um Lücke wird geschlossen. Noch stehen
ein paar letzte Behelfsläden an der Südseite
des Marienplatzes. Der Fischbrunnen ist 1954
unter Verwendung alter Figuren in neuer Form
wieder erstanden.
Der Laster eines Biergroßhändlers aus Aalen
macht sich – beladen mit Münchner Bier –
auf seinen Rückweg.
Juni 1956

Ein absolutes Lieblingsmotiv der München-
Touristen: der Blick vom Tal auf das Alte und
Neue Rathaus, den Marienplatz und den Dom.
Die Straßenbahnlinie 19 fährt noch bis 1968
über den Marienplatz.
Auch für das Alte Rathaus gibt es Überlegungen,
ob man den stark zerstörten Bau abreißen soll,
auch um dem Verkehr mehr Raum zu geben.
Eine Abstimmung 1949 im Stadtrat führt
schließlich zum Wiederaufbau.
Um 1955

Blick aus der Rosenstraße. Die Stadt im Fest-
schmuck zum 800. Stadtjubiläum. Der Verkehr
von Nord nach Süd verläuft einbahnig durch
die Theatiner-, Wein- und Rosenstraße sowie
Sendlinger Straße, die Gegenrichtung durch
Oberanger, Diener- und Residenzstraße.
Juli 1958

Dichter Verkehr auf dem Marienplatz. Das Neue
Rathaus hat im Zweiten Weltkrieg nur wenige
Schäden erlitten und wird von der amerikanischen
Militärverwaltung als zentrale Verwaltung
genutzt.
1960

Blick vom Turm der Frauenkirche.
Das zuvor gezeigte Eckhaus ist hier nun endgültig
Vergangenheit. Auf dem Grundstück entstehen
gerade die Fundamente für einen Neubau,
der wiederum 2017 ersetzt wird.
Frühjahr 1957

Blick vom Rathausturm.
Hier an der Südseite des Marienplatzes wird
die um 5–7 m zurückgenommene Baulinie
durch den Rücksprung im Verlauf der Baulinie bei
den beiden Behelfsbauten sehr anschaulich.
Auch auf dem Grundstück gegenüber, auf dem
später das Kaufhaus Beck enststeht, wird die
Baulinie um einige Meter deutlich zurückgesetzt.
Sommer 1953

Punkt 11.00 Uhr ertönt das Glockenspiel
und sofort recken sich die Hälse in Richtung
Rathausturm.
Ein Pflichttermin für alle München-Besucher.
Um 1958

Gespannt warten Touristen auf den Beginn des
Glockenspiels. Der Bagger im Hintergrund gehört
zu der Baustelle für den U- und S-Bahnhof.
Sommer 1967

Rindermarkt im Jahr 1958.
Der Verzicht auf den Wiederaufbau der südlichen
Häuserzeile am Rindermarkt ermöglicht einen
breiten Straßendurchbruch zum Oberanger und
eine großzügige Platzgestaltung.
Der Alte Peter gehört zu den mit am schwersten
zerstörten Kirchen der Stadt. Bis 1954 ist der
Wiederaufbau der äußeren Form abgeschlossen
und der Hochaltar wird geweiht, aber die Arbeiten
an der Ausstattung ziehen sich noch lange hin.

Der Blick vom Rindermarkt zum Alten Peter am
8. November 1958. Nur noch die wiedererrichtete
nördliche Platzbebauung zeigt den ursprünglichen
Straßenverlauf. Der Südteil wird nach den
Zerstörungen im Luftkrieg abgerissen.

Der Blick über die freigeräumten Grundstücke am
Rindermarkt. Noch ist die Straße zum Oberanger
nicht durchgeführt. Auf der freigewordenen
Fläche und vor dem Ruffinihaus gibt es zahlreiche
Behelfsläden.
Um 1952

Der Rindermarkt vom Turm der Peterskirche mit
den Behelfsläden auf der heutigen Platzfläche
und auf dem Grundstück des Kaufhauses Konen,
das hier wenig später einen Neubau als
Erweiterung baut.
1957

Eines der „letzten erhaltenen Altmünchner Häuser"
wie Erwin Schleich in seinem Buch „Die Zweite
Zerstörung Münchens" schreibt. Am Bildrand
rechts die Zufahrt zur Gastwirtschaft Gambrinus.
Traditionell waren in der Gegend um den St.-Jakobs-
Platz wie auch in diesem Haus Tändlereien ansässig.
Das Haus wird 1969 abgerissen. Heute steht an
dieser Stelle (Oberanger 28) ein Bürogebäude.
Um 1950

Zu den wenigen einschneidenden Straßendurch-
brüchen in der Altstadt gehört der neue Verlauf
des Oberangers. Links im Bild sind ehemalige
Rückgebäude der Bebauung am Rindermarkt
zu sehen, die der Durchführung der Straße zum
Anger weichen mussten, dadurch wird auch der
Löwenturm freigestellt, links davon das Billig-
Kaufhaus Kepa im Rosental. Nur noch das Kuster-
mann-Gebäude deutet den ehemals gekrümmten
Verlauf der Rindermarkt-Bebauung an.
Hinter der Kreuzung zum Rosental entsteht
gerade der Erweiterungsbau für das Münchner
Stadtmuseum nach einem Entwurf des
Architekten Gustav Gsaenger.

Der Durchbruch des Oberangers zum Rindermarkt.
Rechts der Bau des mittelalterlichen Zeughauses,
original erhalten bleiben nach den Zerstörungen
des Zweiten Weltkriegs nur das Erdgeschoß und
die Fassaden. Der anschließende Erweiterungsbau
des Münchner Stadtmuseums steht bereits im
Rohbau, er wird bis 1964 fertiggestellt.
Um 1962

Blick vom Oberanger in der Nähe des Sendlinger-
Tor-Platzes nach Osten Richtung St.-Jakobs-Platz.
Im Hintergrund in Bildmitte der Uhrenturm des
heutigen Theresia-Gerhardinger-Gymnasiums an
der Blumenstraße. Auf dem freigeräumten
Grundstück davor der Neubau einer Tankstelle.
Hier entsteht ab 1975 der Baukomplex des
Kommunalreferats.
Sommer 1960

Der Blick vom Turm des Alten Peter Richtung
Westen am 16. Juni 1958. Links unten ange-
schnitten das Ruffini-Haus, darüber das Verlags-
gebäude der Süddeutschen Zeitung mit den
Produktionshallen, die 1951 vom Verlag
Knorr & Hirth angekauft werden.
Noch weiter darüber der Turm der Allerheiligen-
kirche am Kreuz. In Bildmitte der Neubau des
Sonnenblocks an der Sonnenstraße, nach Plänen
von Helmut von Werz und Johann Christoph
Ottow für die Münchner Rückversicherungs-
gesellschaft in den Jahren 1956–58 erstellt.
Über das Stadtgebiet sind noch viele rauchende
Kamine verstreut.

Die Sendlinger Straße nach Süden, links das
Geschäftshaus der Eisen- und Metallwarenfirma
Georg Reutter und anschließend das Singlspieler-
haus. Beide Gebäude erhalten im Luftkrieg nur
geringe Schäden. Im Vordergrund ein VW-Käfer
mit dänischem Kennzeichen auf Europa-Tour.
1960

Die im Bild zu sehende Häuserreihe der westlichen
Seite der Sendlinger Straße war weitgehend
zerstört bis zur Hackenstraße. Die beiden fünf-
geschoßigen Gebäude sind bereits Neubauten der
frühen 1950er-Jahre.
Um 1954
Archiv Wendling, edition grabsdorf

Wir stehen an der Einmündung der Ettstraße
in die Neuhauser Straße, der Blick geht nach
Westen. Rechts die Schauseite der Michaelskirche,
die bis 1948 wiederaufgebaut wird.
In Bildmitte die östliche Seitenwand des Akademie-
gebäudes vor dem Beginn des Wiederaufbaus.
Aus statischen Gründen muss diese erhaltene
Wand wieder abgerissen und neu errichtet werden.
Geplant war der Abriss des Bauteils, um die
Straße zu verbreitern, dagegen hatte sich u.a.
der Architekt des Neubaus, Josef Wiedemann,
vehement ausgesprochen.
Zur Verbesserung der Verkehrssituation wurden
allerdings im Erdgeschoß Arkaden für Fußgänger
angelegt, die heute in ihrem Bestand wieder
gefährdet sind. Der Wiederaufbau der Akademie
ist bis 1957 abgeschlossen.
Im Hintergrund der Neubau des Kaufhofs am
Stachus, der bis 1951 fertiggestellt wird.
Um 1953

Oktoberfest-Umzug in der Neuhauser Straße,
vermutlich im Jahr 1955. Rechts die Baustelle
der Akademie mit dem Einbau der Arkaden
im Erdgeschoß, im Hintergrund das Karlstor.

Vor der Michaelskirche um 1957. In den Bauteilen
der Alten Akademie links davon wird 1957 das
Statistische Landesamt eingerichtet.

Am Beginn der Neuhauser Straße mit Blick
nach Süden in den Färbergraben. Die rückwärtigen
Gebäude am Altheimer Eck sind heute noch
erhalten.
Um 1954

Die Südseite der Neuhauser Straße vom Kaufhaus
Oberpollinger aus. An der Stelle des Hotels
Bamberger Hof entstand 1952/54 der Neubau
des Geschäftshauses Haus am Karlstor.
Das Firmengebäude Goldpfeil ist auch heute noch
einer der letzten „Stumpen" in der Altstadt.
Um 1954

Nach Luftkriegsschäden vom 7./8. Januar 1945
wird das ausgebrannte Kaufhaus Oberpollinger in
der Neuhauser Straße bis 1954 wiederaufgebaut.
Um 1955

Auf der Terrasse des Restaurants Domhof in der
Kaufingerstraße am 15. August 1953.
Der Blick geht auf die ehemalige Augustinerkirche
und die Michaelskirche mit der dahinterliegenden
Alten Akademie im Wiederaufbau.
Der Bau der profanierten Augustiner-Klosterkirche
wurde bereits 1911 – 14 durch Theodor Fischer zu
Verkaufsläden und zwei übereinanderliegenden
Veranstaltungsräume umgebaut.
Bis 1966 zieht hier das Jagdmuseum ein.
Foto: Alwin Gebele

Aussicht vom Turm der Frauenkirche nach Westen
in die Neuhauser Straße, das Karlstor am Stachus
und die Bayerstraße.
Um 1958

Interessierter Blick in ein Schaufenster der
allseits sehr geschätzten Stoffhandlung Kübler.
Foto: Alwin Gebele, 1955

Neuhauser Straße und Karlstor vor 1955.
Links das Theater am Karlstor, ein Filmtheater,
das bereits seit 1937 hier bestand und 1951 neu
eröffnet wird. Der eingeschoßige Neubau mit
zwei Kinosälen im Untergeschoß ist so ausgelegt,
dass bis 1956 ein fünfgeschoßiger Bau darüber
errichtet werden kann.
Um 1954

Das Karlstor nach der Bereinigung der Fassaden
und dem Ausbau der Durchfahrtswege für den
Autoverkehr, nach 1963.
Rechts das Hotel Deutscher Hof, das bis 1960
betrieben wird, das Café und Restaurant Fahrig
im Erdgeschoß nur bis 1957.
Anschließend zieht hier eine Erweiterung des
Kaufhauses Oberpollinger ein.

Das Karlstor von außen gesehen Richtung
Innenstadt. Noch ist das Tor nicht völlig für den
Straßenverkehr geöffnet, Aufnahme um 1954.

Bis zur Umgestaltung und der Einrichtung der
Fußgängerzone 1972 bleibt der Stachus einer
der verkehrsreichsten Plätze mit Fahrrädern,
Motorrädern, PKW, Lastwagen und Trambahnen,
die alle durch die Neuhauser Straße führen.
September 1953

Der Stachus um 1960.
Links der Kaufhof von 1951, der erste Kaufhaus-
Neubau nach dem Krieg, geplant von Theo Pabst,
beispielgebend für die Nachkriegsmoderne.
In der Fortsetzung der Bayerstraße die Mathäser-
Bierstadt, eröffnet Ende 1957.

Links von der Schützenstraße das Pini-Haus,
das ehemalige Imperial-Haus, benannt nach dem
Café Imperial. Nach Kriegsende befindet sich im
obersten Stockwerk der Sitz der Associated Press.
Rechts das Hotel Königshof, der Erweiterungsbau
für das Kaufhaus Hertie entsteht direkt dahinter
erst in den Jahren 1970–71.
Um 1955

Am Stachus um 1953.
Hinter dem Kaufhofgebäude in der Bayerstraße
wird an den Oberleitungen der Tram gearbeitet.
Hier entsteht später die Mathäser-Bierstadt.

Blick aus einem der Büros im Justizpalast am
Stachus. Auf dem damals – wie es hieß – verkehrs-
reichsten Platz Europas steht noch das „Stachus-
Häusl" und das Amtliche Bayerische Reisebüro.
In Bildmitte links der Nornenbrunnen von 1907,
der 1964 wegen des U-Bahnbaus abgetragen und
in die Eschenanlagen versetzt wird.
Um 1952

Am Stachus im Winter 1958

Blick in die Sonnenstraße, links das Geschäftshaus der Firma Obletter. Im Eckgebäude der
südlichen Rondell-Anlage befand sich früher
das Hotel Roter Hahn. Nach Beschädigungen
im Zweiten Weltkrieg wird das Gebäude wieder
instand gesetzt, wesentliche Teile der Innen-
einrichtung bleiben erhalten, erst 1991 wird das
Gebäude völlig entkernt.
1960

Der Stachus vom Hotel Königshof aus im Jahr 1968.
Die Behelfsbrücke für Fußgänger wird 1965 wegen
der verkehrstechnischen Überlastung des Platzes
und aufgrund der beginnenden Arbeiten am
S-Bahn-Netz errichtet.

Blick aus dem Restaurant des Hotels Königshof,
1967 zu Beginn der Arbeiten an der S-Bahn.

Auf der Verkehrsinsel in der Sonnenstraße mit
Blick auf das Gebäude des Kaufhofs von 1951 an
der Ecke zur Bayerstraße und das Hotel Königshof.
Hinter dem roten Marktstand ist noch das
„Brunnenbuberl" von Matthias Gasteiger aus dem
Jahr 1895 zu sehen. 1964 wird der Brunnen hier
abgetragen und 1971 in der Neuhauser Straße
wiederaufgebaut.
Um 1960

Blick von der Ecke Bahnhofplatz/Bayerstraße
in Richtung Stachus.
Um 1960

Die beiden Bilder zeigen den Stachus Richtung
Norden zum Lenbachplatz, um 1960.

Im Bild links die Verkehrssituation vor dem
Justizpalast mit einem Verkehrspolizisten auf
der Insel, im Hintergund die Bebauung am
Lenbachplatz, die abgeräumt wird für den
Neubau eines Geschäftshauses nach der Planung
des Architekten Erwin Schleich, ausgeführt in
den Jahren 1978–80.

Viktualienmarkt

Blick vom Turm des Alten Peter über das Gärtner-
platzviertel. Straßenbahn und Bus queren hier
noch den Marktbereich und verbinden die Altstadt
mit der Isarvorstadt und den weiter südlich
gelegenen Stadtteilen. Erst 1975 wird das Markt-
gelände zur Fußgängerzone.
Um 1960

Die hier sichtbaren Brandmauern des Kuster-
mann-Hauses weisen auf das kriegsbedingte
Fehlen des früheren Schulbaus an der Ecke zum
Rosental hin. Ein Neubau entsteht dort Ende
der 1950er-Jahre. Die Peterskirche hat ihren
den Chor umschließenden Sakristeibau wieder
erhalten.
September 1955

Krenweiberl am Südende der Metzgerzeile
(heute Rischart-Filiale). Viele Generationen lang
kommen die Krenweiberl aus dem Fränkischen
nach München, um dort selbst produzierten
Meerrettich, Knoblauch und Gewürze anzubieten.
Zuletzt bieten sie ihre Ware an den Eingängen
großer Kaufhäuser an. Diese lange Tradition
endet schließlich 2010.
Foto 1957

Der Karl-Valentin-Brunnen steht zum Zeitpunkt
dieser Aufnahme gerade mal gut drei Wochen
auf seinem Platz.
10. November 1953

Viktualienmarkt im September 1955.
Nur noch wenig Betrieb herrscht an diesem
Samstagvormittag auf dem Markt.
Die Turmuhr des Alten Peter zeigt 11:10 Uhr an.

Winterware kündigt die kalte Jahreszeit an
und die Wahlplakate am linken Bildrand die am
23. November 1958 stattfindenden Landtags-
wahlen.
November 1958

Äpfel im Überfluss und „Gute Birn",
zu 35 Pfennig das Pfund werden feilgeboten.
November 1958

Blick zum Dreifaltigkeitsplatz. Der Turm der Heilig-
Geist-Kirche hat 1958 seine barocke Haube
wiedererhalten. Die vom Turm hängende Fahne
– der Zachäus – zeigt an, dass Kirchweih ist.
Ende 1950er-Jahre

Am Viktualienmarkt werden Palmkätzchen ange-
boten – ein Touristenfoto mit Seltenheitswert.
Kein Sonnenschein.
Nur Schneematsch und Tristesse!
Um 1960

Orangen, Äpfel, Pflaumen.
Ende 1950er-Jahre

Das Sebastiansseck, davor der Blumenmarkt auf
dem Gelände der früheren und später wieder-
errichteten Schrannenhalle. Die Farbgebung und
der historisierende Fassadenschmuck an den
„Altmünchner Häusern" sind vermutlich Ende der
1930er-Jahre auf Initiative des Hochbauamts
entstanden.
Um 1950

Sendlinger-Tor-Platz

Vor dem Sendlinger Tor.
Von diesem Standpunkt aus scheint die Stadt
beinahe unversehrt. Noch ist das alte Kopfstein-
pflaster zu sehen. Am Sendlinger-Tor-Platz wurde
vor allem die Bebauung der nordwestlichen
Hälfte des Halbrondells zwischen Nussbaum-
straße und Sonnenstraße zerstört.
1952

Der alte Brunnen am Sendlinger-Tor-Platz,
noch aus dem Jahr 1873 stammend,
wird 1972 durch den heutigen ersetzt.
März 1957

Die markante Matthäuskirche nach einem Entwurf
des Architekten Gustav Gsaenger wird 1955 ein-
geweiht. Aufgrund ihrer für damalige Verhältnisse
gewagten modernen Gestalt ist der Bau zur
Entstehungszeit sehr umstritten.
Wegen ihrer Form erhält sie den Spitznamen
„Herrgotts Achterbahn".
April 1958

Am Sendlinger-Tor-Platz – die Reihen der Bebauung an der Sonnenstraße sind nun geschlossen.
Der ehemaligen Bürkleinschen Gebäranstalt
(zur Zeit der Aufnahme Postscheckamt) setzt
man später einen etwas brutalistischen Bau als
Nachbarn zur Linken.
Um 1962

Die Sonnenstraße vom Sendlinger-Tor-Platz aus
gesehen. Nur sehr wenige der Gebäude hier
haben die Bomben des Luftkriegs überstanden.
Auf der Altstadtseite ist die ursprüngliche
größtenteils offene Blockrandbebauung noch gut
zu erkennen.
Sommer 1952

Dieses besonders originelle Gebäude der Nach-
kriegszeit, die Café Conditorei Tanz-Café Bar und
Taverne, wird wie die anderen Häuser auf dem
Foto auch wenige Jahre später für den Bau des
Altstadtrings geopfert. Übrig geblieben ist allein
das angeschnittene Haus rechts, heute das letzte
Haus in der Müllerstraße.
Der Fotograf steht an der Ecke Thalkirchner-/
Müllerstraße.
Sommer 1960

Die gleiche Situation vom Sendlinger-Tor-Platz
aus gesehen. Rechts, zwischen den beiden
Brandmauern, sind Fassaden an der Pestalozzi-
straße zu erkennen.
Um 1962

Von der Lindwurmstraße geht der Blick rechts in
die Kapuzinerstraße, im Hintergrund der Schorn-
stein der Kühlanlagen des Münchner Schlachthofs.
Auf dem freigeräumten Grundstück an der
Lindwurmstraße eine Hühner- und Wurstbraterei.
Das Grundstück ist heute bebaut, aber direkt
gegenüber befindet sich heute das Lindwurm-
stüberl – in einem der letzten eingeschoßigen
Behelfsbauten der Stadt.
Um 1955

Am Reichenbachplatz mit Blick zum Viktualien-
markt: Bauarbeiten sind hier bereits im Gange.
Auch die Behelfsbauten im Vordergrund an der
Ecke zur Rumfordstraße werden bald darauf
Neubauten weichen. Die Baulinien zwischen
Reichenbachplatz und Frauenstraße werden auf
beiden Seiten zurückgesetzt.
1961

Odeonsplatz und Umgebung

Die Überreste der weitgehend zerstörten Residenz
sind gesichert, die Rekonstruktionsarbeiten sind
bereits in vollem Gange. In der Feldherrnhalle ist der
Sockel des Standbildes von Feldmarschall Wrede
vorübergehend verwaist – die durch Kriegseinwirkung
kopflos gewordene Statue wird gerade restauriert.
Um 1952

Der Verkehr rollt durch die enge Residenzstraße.
Der Wiederaufbau der Residenz schreitet deutlich
sichtbar voran – von den mehr als 23.000 qm
Dachflächen blieben nach den Zerstörungen nur
50 qm intakt.
1955

Eine überdachte Kanzel für den Verkehrspolizisten
steht vor dem gerade wiedererstandenen Palais
Moy an der Ecke zur Brienner Straße. Die Plakate
weisen auf die Wahlen zum Zweiten Deutschen
Bundestag am 6. September 1953 hin.
Sommer 1953

Das Palais Arco-Zinneberg von der Ecke Brienner
Straße/Salvatorstraße gesehen. Der auf den
Wittelsbacher Platz hin ausgerichtete Klenze-Bau
wird – äußerlich weitgehend rekonstruiert –
erst 1962 wiedereröffnet.
Für den Wiederaufbau war G. H. Winkler verant-
wortlich, ein Architekt der viele Spuren in der
Münchner Innenstadt hinterließ.
Juli 1956

Die Brienner Straße mit ihren luxuriösen Geschäften vermittelt in diesem Bereich schon wieder den Eindruck des Vorkriegszustands. Das Eckhaus mit der Niederlassung der Nymphenburger Porzellanmanufaktur ist soeben wieder aus Ruinen auferstanden.
Um 1953

Der Odeonsplatz mit der Ruine des Leuchtenberg-
Palais.
Das Haus Wittelsbach als Erbe der Leuchtenberger
Linie erhält durch ein Urteil gegen seine frühere
Vermögensverwalterin wieder den ehemaligen
Besitz zurück und veräußert 1957 das Grundstück
an den Freistaat Bayern. Erst sehr spät wird die
Ruine abgetragen. Ab 1963 werden die Fassaden
des Palais rekonstruiert. 1967 wird der Neubau
für das Finanzministerium, der nur äußerlich dem
alten Bau entspricht, eingeweiht.
Um 1958

Das Bazargebäude mit dem Hofgarten-Café
Annast. Am Hofgartentor stehen schon vor 1840
Kioske, die aber wegen des U-Bahn-Baus weichen
müssen – ein großer Verlust.
Um 1958

Blick durch die Viscardigasse auf das Areal des
früheren Theatinerklosters.
Das Palais Preysing, später von Erwin Schleich
rekonstruiert, ist hier noch eine Ruine.
September 1955

Die Theatinerkirche an einem Sommerabend im
August 1958. Das Palais Moy ist zum Stadt-
gründungsfest mit Rautenfahnen geschmückt.

Trümmerbeseitigung im Zuschauerraum
des Nationaltheaters.
Um 1955

Das Denkmal für den ersten bayerischen König
Max I. Joseph, das neue Residenztheater und die
Ruine des Nationaltheaters am 29. Juni 1955.

Das Nationaltheater kurz vor dem Beginn des
Wiederaufbaus. Zuerst dachte man an einen
Neubau, nicht an eine Rekonstruktion.
Nach Äußerungen eines Beamten im Kultusminis-
terium, dass das Interesse am Wiederaufbau
des Nationaltheaters sehr gering sei, startet
die SZ 1957 eine Unterschriftensammlung für
den Wiederaufbau. Fast 200.000 Unterschriften
werden innerhalb eines Monats gesammelt.
Der Wiederaufbau beginnt im August 1958 und
erst 1963 wird das Opernhaus wieder eröffnet.
Die moderne Giebelgestaltung des Vorbaus
erfolgt erst 1965 – 1972 durch den Bildhauer
Georg Brenninger.
Um 1958

Blick aus der Perusa-Passage in die
Theatinerstraße.
Um 1965

Hofgarten und Lehel

Hofgartenstraße und Festsaalbau der Residenz.
In den zerstörten Bau wird bis 1953 im östlichen
Teil der Neue Herkulessaal nach Plänen von
Rudolf Esterer eingebaut. Von der Brienner
Straße kommend wird der Verkehr noch durch
den Hofgarten Richtung Lehel geführt.
Nach 1956

Blick von der Einmündung der Pilotystraße in die
Prinzregentenstraße, um 1956.
Das zerstörte Armeemuseum mit dem seitlichen
Anbau an der Galeriestraße. Links davon Bauteile
der St.-Anna-Kunstmühle am Kainzmühlbach
(abgetragen 1965), unmittelbar dahinter Reste
der Köglmühle am gleichnamigen Stadtbach.
Durch die lange Vernachlässigung der beschädig-
ten Bauteile des Armeemuseums verfallen die
seitlichen Bauteile nur noch mehr und werden in
den 1960er-Jahren abgerissen.
Danach entsteht hier der Altstadtring.

Der Blick vom Haus der Kunst an der Prinzregen-
tenstraße zur Galeriestraße, nach 1956.
Ganz rechts das Galeriegebäude am Hofgarten.
Die bis zum Zweiten Weltkrieg bebauten Grund-
stücke zur Galeriestraße hin sind vollkommen
geräumt. Links angeschnitten die Kuppel
des Armeemuseums und Teile der zerstörten
Seitenflügel. Erhalten geblieben ist lediglich der
Kuppelbau als Mitteltrakt der Bayerischen
Staatskanzlei.

Haus der Kunst, Eingang zum Officers Club.
Die US-Army nutzt die Räumlichkeiten auch für
Basketball, Tanzvergnügen und Läden. Der West-
flügel wird zum wichtigsten Ausstellungsort nach
dem Krieg. Hier werden erst Gemälde aus den
Beständen der zerstörten Alten Pinakothek und
außerdem die ersten wichtigen Ausstellungen
zur Kunst des 20. Jahrhunderts gezeigt.
Um 1954

Das Gebäude gehört zu den ersten stilbildenden Bauwerken der NS-Zeit und wurde als „Haus der Deutschen Kunst" von Adolf Hitler am 18. Juli 1937 eingeweiht. Nach dem Zweiten Weltkrieg steht der kaum beschädigte Bau bis 1948 unter der Vermögensveraltung der amerikanischen Kontrollbehörde, der Mittelbau und das Restaurant werden bis 1955 als Officers Club P1 der US-Armee an der Prinzregentenstraße 1 genutzt. Um 1957

Von den 1880er-Jahren bis 1968 fährt die Straßenbahn durch das Isartor. Dieser letzten Funktion
beraubt, steht der mächtige Bau heute etwas
verloren vor der großen Asphaltödnis.
Um 1960

Aus einem Fahrzeug heraus fotografiert ein
amerikanischer Tourist den regen Verkehr am
Isartorplatz. Zu dieser Zeit sind in München
etwa 45.000 Autos unterwegs.
Während der 1950er-Jahre nimmt der Bestand
jährlich im Durchschnitt um etwa 20 % zu.
Links an der Gehsteigkante ein roter Feuermelder.
1954

Das Isartor von der Zweibrückenstraße her
gesehen nach der Wiederherstellung bis 1957,
bei der v. a. die Gesimse der beiden Flankentürme
und deren Dächer verändert werden.
Schon 1954 ist der über 20 m breite Gemäldefries
des Malers Bernhard Neher von 1835 durch den
Restaurator Toni Roth erneuert worden.
1959 wird im Südturm das Valentin-Musäum
eingerichtet.
Um 1958

Das Isartor vom Tal aus gesehen im Jahr 1958
mit dem Schmuck zur Feier des 800. Stadtjubiläums. Die Toranlage von 1337 ist heute die
einzige Wehranlage, die trotz zahlreicher Umbau-
ten weitgehend erhalten ist.

Promenadeplatz

Blick vom Turm der Frauenkirche auf die Nord-
westecke des Promenadeplatzes. Das Parcus-
Haus, links am Bildrand, ist der erste Bau von
Friedrich von Thiersch in München, in verein-
fachter Form wird er wiederaufgebaut.
Auf der Leerfläche befand sich das im Luftkrieg
zerstörte barocke Maffei-Palais.
Um 1954

Blick aus der heutigen Kardinal-Faulhaber-Straße
zur Ostseite des Promenadeplatzes.
Ein Konglomerat aus Überbleibseln und Provisorien.
September 1955

Blick von der Ecke Promenadeplatz/Karmeliter-
straße. Links die Ruine des barocken Gunetz-
rhainer- oder Ostermaierhauses. Dieser Teil wird
1959 beseitigt. Äußerlich rekonstruiert ist das
Haus heute Teil des benachbarten Bankgebäudes.

Blick in die Maffeistraße.
Das Loden Frey-Haus wurde 1949 im neobarocken
Stil erbaut, im Erdgeschoß wurden Arkaden ein-
gebaut. Die Fassadenmalerei mit Uhr wird später
bei einer Sanierung entfernt. Links hinten, an der
Theatinerstraße, noch ein letztes altes Bürger-
haus, das später einem Neubau weichen muss.
Um 1958

Die Ruine des Hotels Bayerischer Hof. In den
verbliebenen Gebäudeteilen des Komplexes
werden bereits wieder Gäste untergebracht.
Das heutige Hauptgebäude wird in den Jahren
1960–63 nach Plänen von Erwin Schleich
errichtet.
Um 1950

Ein äußerst dekoratives Transportmittel, das
unterstreicht, dass es sich bei der transportierten
Ware um etwas sehr Kostbares handelt.
Der Preis für das Wiesnbier wird bis 1970 von
der Stadt festgelegt. So bleibt es zwischen
1949 – 1958 unverändert bei 1,70 DM für die Maß.
Um 1952

Als Teil des Oktoberfestumzugs paradieren die
Schäffler am Bayerischen Hof vorbei.
Das Stahlskelett der Kriegsruine bietet der
Küchenmannschaft des Bayerischen Hofs einen
exklusiven Logenplatz.
Um 1952

Allen Niederlagen des 20. Jahrhunderts zum
Trotz, der Blaue Kurfürst Max Emanuel verharrt
unbeirrt in der Pose des Siegers von Belgrad.
Der Wiederaufbau des Hotels Bayerischer Hof
ist bereits im Gang.
Um 1958

Das Palais Montgelas bleibt vom Krieg weitest-
gehend verschont. 1969 erwirbt das benachbarte
Hotel Bayerischer Hof das Gebäude vom
Freistaat Bayern.
Um 1965

Außerhalb der Altstadt:
Maxvorstadt und Schwabing

Am Grundstücksrand des ehemaligen Wittelsbacher Palais zur Brienner Straße sind Behelfsläden entstanden. Seit 1955 mündet hier der Oskar-von-Miller-Ring ein.
Um 1960

Blick über den Maximiliansplatz in Richtung
Lenbachplatz. Hier entsteht eine Schleife
für die Straßenbahn.
Um 1958

Im Vordergrund zieht eine Südtiroler Trachten-
gruppe als Teil des Oktoberfestumzugs vorbei.
Im Hintergrund ist ein niedriges Gebäude neben
dem Almeida-Palais zu erkennen, ein Teil des
sogenannten Arkadenbaus, der das palaisähnliche
Gebäude (siehe S. 153) der Disconto Gesellschaft
(gehört heute zur Bayerischen Landesbank) mit
dem Almeida-Palais verband.
Der Arkadenbau wird 1955 für die Öffnung zum
Oskar-von-Miller-Ring abgerissen.
Um 1953

Die in (gezwungenermaßen) allergrößter Bescheidenheit neu erstandene Rottmannstraße als Musterbeispiel für den Wiederaufbau im Nachkriegs-München. Der Blick geht in Richtung Schleißheimer Straße. Der amerikanische Tourist vermerkt auf dem Diarahmen „new houses".
1960

Der Löwenbräukeller am Stiglmaierplatz.
Die im Krieg stark in Mitleidenschaft gezogene
Großgaststätte wird in vereinfachter Form
wiederaufgebaut. Der angeschnittene Behelfsbau
links und die weiße Brandmauer rechts von
der Bildmitte lassen die den Bomben zum Opfer
gefallene ursprüngliche Bebauung erahnen.
Um 1963

Die hier noch von der schweren Zerstörung
gezeichnete Glyptothek wird erst 1972 mit großen
Veränderungen im Inneren wieder eröffnet.
Um 1952

Der im Krieg völlig ausgebrannten früheren Neuen
Staatsgalerie folgt die heutige Antikensammlung,
die nach umfangreichen Baumaßnahmen erst 1967
eröffnet wird.
1959

Im ehemaligen Führerbau der NS-Zeit befindet
sich seit 1948 das Amerika-Haus/US Information
Center. Der Umzug in den Neubau am Karolinenplatz erfolgt im Jahr 1957.
Anschließend findet hier die Musikhochschule
ihre Heimat.
1957

Blick durch die Schellingstraße zur Ludwigstraße.
Das Gerüst steht an der Baustelle des Instituts
für Experimentalphysik.
Um 1958

Amalienstraße nach Norden, im Hintergrund die
Akademie der Künste. Trotz einzelner Schäden im
Luftkrieg hat sich der Straßenzug noch viel vom
Charakter der Vorkriegszeit bewahrt.
Die heute noch vorhandene Bebauung geht meist
auf das Ende des 19. Jahrhunderts zurück und
ersetzte damals Gebäude aus der ersten Hälfte
dieses Jahrhunderts.
Ganz rechts angeschnitten das Palais Holnstein,
ein Bau ursprünglich aus dem Jahr 1827.
Um 1958

Blick in die Schellingstraße Richtung Westen. Die Baumgruppe an der rechten Straßenseite gehört zum Schulhof der „Türkenschule", die bis 1951 von Gustav Gsaenger wiederaufgebaut wird. Das Gebäude unmittelbar davor wie auch zwei Gebäude gegenüber erhielten 1896/97 aufwändige Jugendstilfassaden nach Entwürfen von Martin Dülfer.

Die Schellingstraße ist ein Sammelpunkt historisch denkwürdiger Stätten, als Wohnort berühmter Künstler wie als Standort der Geschäftsstelle der NSDAP bis 1930 und Produktionsort des „Völkischen Beobachters" im ehemaligen Buchgewerbehaus in Nummer 39/41, nach dem Krieg Druckerei-Standort der Bild München.
Im Haus Nr. 48 tagte die Schriftstellervereinigung „Gruppe 47" in der Wohnung von Walter Kolbenhoff, der dem Haus einen eigenen Roman widmete.
Um 1960

Das 1935 von Rudolf Esterer geplante Seehaus
am Kleinhesseloher See ist bereits der zweite
Bau an dieser Stelle.
1945–1954 befindet sich hier ein US-Offiziers-
club, 1982–85 folgt der heutige Bau.
Um 1955

Das Siegestor wird nach den schweren Bomben-
schäden vereinfacht und mit geänderter Inschrift
wiederaufgebaut: „Dem Sieg geweiht – vom
Krieg zerstört – zum Frieden mahnend".
Die später rekonstruierte Quadriga und die neue
Inschrift fehlen hier noch.
1971 fährt nach fast 100 Jahren letztmalig die
Straßenbahn durch das Siegestor.
März 1954

Blick von der Adelheidstraße aus westwärts in
die Agnesstraße. Die vorderen Gebäudeteile
stellen das 1956/57 von Günther Eckart und
Werner Wirsing geplante Internationale Haus dar.
Diese Bauten existieren seit ein paar Jahren nicht
mehr. Rechts dahinter, ein etwas verändertes,
aber noch existierendes Studentenwohnheim,
das Teil der 1960 fertiggestellten Anlage ist und
von Günther Eckart stammt.
Um 1960

Das Studentenwohnheim an der Adelheidstraße,
ebenfalls von Günther Eckart, ist Teil des bemer-
kenswerten, aber leider nicht mehr vollständigen
Ensembles. Der Bau ist heute in seinem Erscheinungsbild ebenfalls (zu seinem Nachteil) stark
verändert.
Um 1960

Die Siegfriedstraße Richtung Südosten.
Im Hintergrund das Hertie-Hochhaus.
Um 1968

Die Leopoldstraße mit dem Hertie-Hochhaus
auf dem Gelände der ehemaligen Schwabinger
Brauerei nach einem Entwurf des Architekten
Franz Hart. Zu dem großen umstrittenen Gebäude
ein Zitat des Architekturprofessors Fritz Kurrent:
„Der erste große Fehler bestand darin, das Hertie-
Hochhaus zu bauen. Und der zweite bestand
darin, es abzureißen."
Die Baustelle an der Münchner Freiheit kündigt
den Beginn der Arbeiten für die U-Bahn an.
Um 1968

Lenbachplatz

Wiederaufbau der Herzog-Max-Burg ab 1954. Erhalten geblieben ist vom zerstörten Baukomplex nur der Turm am rechten Bildrand. 1955

Lenbachplatz mit Blick auf den Wittelsbacher
Brunnen im Jahr 1955. Das Bernheimer Palais
wird den in der NS-Zeit enteigneten Besitzern,
der Familie Bernheimer, 1946 zurückerstattet.
Neben der Kunsthandlung befinden sich im
Gebäude weitere Läden und ab 1948 das
Film-Theater am Lenbachplatz, aus dem später
ein Tanzlokal wird.
Im Hintergrund in der Bildmitte das Regina-
Palast-Hotel von 1908, eines der luxuriösesten
Hotels der Stadt.

Die weitgehend zerstörte Herzog-Max-Burg,
die Zweitresidenz der Wittelsbacher im Altstadt-
gebiet wird bis 1951 stückweise abgetragen.
Nach einem 1952 ausgeschriebenen Wettbewerb
erhalten die Architekten Theo Pabst und Sep Ruf
den Auftrag zu einem Neubau für die Justiz-
verwaltung, der ab 1954 erstellt wird.
Der erhaltene und 1953 – 55 restaurierte Turm
wird freigestellt, seine Fassadengliederung wird
zum Maßstab für die Gestaltung des Neubaus,
der mit einem Übergang verbunden wird.
1955

Die Wiederherstellung des Künstlerhauses am Lenbachplatz – beim Luftangriff am 14. Juli 1944 völlig ausgebrannt – dauert bis 1961. 1900 wird das Haus mithilfe vieler Künstler, wie Franz von Lenbach und Gabriel von Seidl, der Stadt München und dem Prinzregenten als Vereinsheim „für alle Künstler Münchens" eingeweiht. 1938 wird es von der „NS-Reichskammer der bildenden Künste" übernommen.

Nach Kriegsende werden die erhaltenen Restaurant-Räume von der amerikanischen Besatzungsmacht bis September 1955 als Soldatenclub „The American Way" genutzt und 1959 als „Export-Club München" wieder eröffnet. Ab 1955 wird auch das Hauptgebäude des Künstlerhauses unter der Leitung des Architekten Erwin Schleich wiederaufgebaut und 1961 eröffnet.
September 1953

Im Vordergund links der Parkplatz des Kaufhauses Oberpollinger auf dem Grundstück der Hauptsynagoge der Jüdischen Gemeinde. Anfang Juni 1938 wird die Gemeinde von der NS-Stadtverwaltung genötigt, Gebäude und Grundstück an die Stadt abzutreten, am 9. Juni beginnt der Abriss der Synagoge als einer der ersten in Deutschland. Auch die Abrisskosten müssen von der jüdischen Gemeinde getragen werden. Am linken Bildrand ist noch der Verwaltungsbau mit Betsaal der Israelitischen Kultusgemeinde zu sehen.

Das Gelände wird zunächst als Parkplatz für das Kaufhaus Oberpollinger genutzt, seit 1969 erinnert ein Gedenkstein des Künstlers Herbert Peters an den Abriss der Synagoge. Für 20,5 Millionen Euro wird das Grundstück 1999 an den Arcandor-Konzern verkauft und darauf eine Erweiterung des Kaufhauses realisiert. Der Verkaufserlös ist Teil der Finanzierung des Neubaus der Synagoge der Israelitischen Kultusgemeinde am St.-Jakobs-Platz.
März 1958

Blick vom Turm der Frauenkirche Richtung Moosach.
Im Bild unten links die Neue Maxburg. In Bildmitte
die Staatsbauschule an der Karlstraße, bis 1956
errichtet nach Plänen von Adolf Peter Seifert,
Rolf ter Haerst und Franz Ruf.
Im Hintergrund die Gasbehälter in Moosach, der
linke fast 100 m hohe Gaskessel wird noch 1958
errichtet, in den 1970er-Jahren werden die Kessel
abgebaut.
Um 1960

Der Innenhof der Neuen Maxburg
mit Blick zur Frauenkirche.
Der Brunnen von Josef Hensel-
mann links im Hintergrund mit
der Figur des Moses wird im
November 1954 eingeweiht.
Um 1958

Auf dem Gelände der ehemaligen Maxburg entsteht am Lenbachplatz bis 1956 ein Ausstellungs-
pavillon nach einem Entwurf der Architekten
Theo Pabst und Sep Ruf für die Firma BMW.
1956

Der BMW-Ausstellungspavillon, um 1968

Hauptbahnhof und Umgebung

Wenn auch kriegsbeschädigt, handelt es sich hier
noch um den ersten Bahnhofsbau von Bürklein
aus dem Jahr 1848.
Die Fassaden werden erst 1958/59 abgerissen,
um die Schalterhalle zum Bahnhofplatz hin zu
erweitern. Der Innenraum der heutigen Schalterhalle beinhaltet teilweise noch die Bürkleinschen
Wände. Links beginnt man mit dem Bau des
neuen Bahnhofsgebäudes.
Um 1955, Sammlung Claus Hoffmann

Das 1951 unter Verwendung von Resten des
Vorgängerbaus erbaute Bundesbahnhotel
an der Bayerstraße.
Um 1954

Blick aus der Bayerstraße auf das ehemalige
Telegrafenamt. Noch sind Reste des Flügelbaus
des alten Bahnhofs zu erkennen.
Um 1954

Blick aus dem Bundesbahnhotel auf die Bayer-
straße, rechts die Einmündung der Goethestraße.
Die Art der Bebauung erinnert stark an eine
aus dem Boden gestampfte Goldgräberstadt:
Wirtshäuser, Bars und sogar Zauberei-Artikel.
Um 1952

In etwa die gleiche Blickrichtung wie das Bild
auf der linken Seite, aber auf Erdgeschoßhöhe.
Einige der Behelfsbauten sind inzwischen ver-
schwunden. Heute ist hier die dritte Generation
der Nachkriegsbebauung entstanden.
Sommer 1958

Die noch im Bau befindliche eindrucksvolle
Gleishalle, geplant unter Mitarbeit von Franz Hart.
1960

Die Gleishalle mit den Rundbogenfenstern des
Bürkleinbaus an der Stirnseite. Geranien auf dem
Prellbock sorgen für eine durchaus heimelige
Atmosphäre im Bahnhof.
1954

Die gerade fertiggestellte Gleishalle mit Blick
zum Starnberger Bahnhof.
1960

Fernste Vergangenheit: die Bahnsteigsperre
mit den kleinen Kontrollhäuschen, ebenso
wie der Nachlöseschalter.
1960

Blick quer über die Bahnsteige zur Südseite des
Bahnhofs. Nur der Bereich zwischen Stirnwand
und Gleisbeginn ist überdacht.
Erst 1960 entsteht die neue Halle, die einen
Großteil des Bahnsteigbereichs abdeckt.
Um 1955

Am Bahnsteigende.
Im Hintergrund die Hackerbrücke.
Um 1955

Durchaus charmante Leuchtreklame an der
Stirnseite der Gleishalle, dazu ein heute eher
deplatziert wirkendes Bahnsteighäuschen.
1969

Ein Intercity, damals Inbegriff des schnellen
und komfortablen Reisens auf der Schiene.
1974

Der Bahnhofplatz.
An der Nordseite des Platzes steht noch ein
Pavillonbau, rechts davon entsteht 1984
der Elisenhof.
1964

Die gerade vollendete Fassade des Hauptbahnhofs
mit dem eindrucksvollen Aluminium-Mosaik
von Rupprecht Geiger.

Erst zu diesem Zeitpunkt ist der Bau des Hauptbahnhofs endgültig abgeschlossen. Das zeit-
typische Vordach, „Schwammerl" genannt,
prägt das Erscheinungsbild des Bahnhofplatzes mit.
1960

Die Nordseite des Hauptbahnhofs, rechts der
bereits 1950 für die Besucher der Passionsspiele in
Oberammergau fertig gestellte Starnberger Bahnhof von Heinrich Gerbl (noch ganz der Architektur-
sprache der NS-Zeit verhaftet). Die Mauern und
Fensterbänder der Bahnsteighalle stammen im
Wesentlichen noch von der alten Bahnsteighalle.
Später entsteht entlang der Halle ein Bürotrakt.
1963

Blick aus dem Hotel Wolff auf die Arnulfstraße.
Die Ladenzeile zwischen Starnberger Bahnhof
und Paul-Heyse-Straße ist neuerdings entfernt.
Im Hintergrund stehen noch später abgerissene
Teile des ehemaligen Verkehrsministeriums,
die den ehemals monumentalen Charakter des
Baus sichtbar machen.
Um 1965

Blick vom Hauptbahnhof zur Arnulfstraße.
Das Hotel Wolff ist bereits wiederaufgebaut.
Links die durch ihre stattliche Höhe von 72 m die
Silhouette der Stadt mitprägende Kuppel des
früheren Verkehrsministeriums.
Auf dem Grundstück steht seit 1977 das 17-ge-
schoßige Hochhaus des Bayerischen Rundfunks.
Um 1956

Die Einmündung der Elisenstraße in die Dachauer
Straße. Die hier in diesem kurzen Abschnitt noch
etwas nach Süden hin geknickte Elisenstraße wird
später begradigt und nach Norden verbreitert,
um einen fließenden Übergang zur Marsstraße
herzustellen.
Um 1955

Blick zur Südseite der ehemaligen Bahnsteighalle,
von der noch Mauerreste vorhanden sind.
Dem Bau der 1900 errichteten Bayerpost hat
man ein zusätzliches Stockwerk aufgesetzt.
Im Gebäude des Bundesbahnhotels befindet sich
das US Ticket Office.
Um 1954

Sommerschlussverkauf beim Kaufhaus Horn
in der Arnulfstraße.
Sommer 1963

Das Postamt an der Bayerstraße, die „Bayerpost"
und die Paul-Heyse-Unterführung. Die Straßenbahnlinie 17 verkehrt hier, von der Arnulfstraße
kommend, über den Goetheplatz und Giesing zur
Großhesseloher Brücke.
September 1970

Blick aus der Schützenstraße in die Luitpoldstraße, Richtung Norden, links die Rückseite des
Hertie-Kaufhauses. Die spätklassizistischen
Häuser zwischen Prielmayer- und Elisenstraße
müssen später dem Elisenhof weichen. Am Ende
der Luitpoldstraße ein schmaler Blick in den
Alten Botanischen Garten und im Hintergrund
der Turm der Technischen Hochschule München.
Um 1952

Äußerst imposant: der hier noch vorhandene
Komplex des früheren Verkehrsministeriums,
der sich einem Gebirge gleich die Seidlstraße
entlangzieht. Der Fotograf steht in der Marsstraße nahe der Südost-Ecke der Kreuzung
Mars- und Seidlstraße.
Sommer 1970

Die Straßenbahnlinie 3 durchquert hier, von
Nymphenburg kommend, die Ruine des früheren
Verkehrsministeriums. Der sehr große, an eine
Residenz erinnernde Komplex erstreckte sich
über die Arnulfstraße hinweg.
Links angeschnitten, der über der Arnulfstraße
errichtete Torbau.
8. Juni 1964

Was für ein Gegensatz.
Am Ende der Landwehrstraße die zuckerbäckrig
emporragende Paulskirche und dazu die spröde
Schlichtheit der frisch entstandenen Neubauten.
Der Fotograf steht im Abschnitt zwischen
Goethestraße und Paul-Heyse-Straße.
Um 1960

Roxy Bar und Tilly Bar, zwei von ursprünglich vielen
Bars in der Bahnhofsgegend an der Kreuzung
Landwehr- und Goethestraße.
Um 1960

Haidhausen

Die Kirchenstraße in Haidhausen mit Blick auf die neue Pfarrkirche St. Johann Baptist. Dieser Bereich Haidhausens gehört zur ältesten Bebauung des Stadtviertels. Im zweiten Gebäude von links auf der gegenüberliegenden Straßenseite befindet sich heute das Haidhausen-Museum. Um 1960

Bürgerbräukeller an der Rosenheimer Straße
im Jahr 1963.
Während der Weimarer Republik finden hier
zahlreiche politische Veranstaltungen statt.
Auch der Marsch der Nationalsozialisten zur
Feldherrnhalle am 9. November geht von hier aus.
Und hier führt der Widerstandskämpfer Georg
Elser die Vorbereitungen und das Attentat auf
Adolf Hitler aus, dem Hitler aber entgehen kann.
Nach dem Krieg nutzt die US-Armee die Räume
als Lebensmittellager und Kantine, 1958 wird der
Bürgerbräukeller wieder als allgemeine Groß-
gaststätte genutzt. Erst 1979 wird der Bürger-
bräu-Keller abgerissen, auf dem Gelände entsteht
das Hilton Munich City Hotel.

Der Bau des Ostbahnhofs geht zurück auf das
Jahr 1871, der Entwurf des Empfangsgebäudes
auf den Architekten Friedrich Bürklein.
Nach der Zerstörung im Zweiten Weltkrieg wird
bis 1952 eine provisorische Schalterhalle erichtet.
Vor dem Bahnhofsgebäude der sogenannte
Glaspalastbrunnen (nach einem Entwurf von
August Voit), der 1854 – 1897 im Glaspalast stand,
danach bis 1972 auf dem Orleansplatz und heute
auf dem Weißenburger Platz steht.
Um 1958

Oktoberfest, Auer Dult und Fußball

Einzug der Bräurosl.
Um 1955

Der Publikumsmagnet Oktoberfestumzug in der
Sonnenstraße, etwa an der Einmündung der
Herzogspitalstraße.
Die Fronten der Behelfsbauten erinnern ein wenig
an die windigen Fassaden einer Westernstadt.
1952

Münchner Kindl im Dutzend!
Im Hintergrund das Sonnen-Filmtheater
mit der italienischen Filmproduktion von 1952
„Lucrezia die rote Korsarin".
1952

Der Toboggan ist seit 1933 fester Bestandteil
des Oktoberfests.
1957

Das Zeppelin-Karusell ist für lange Zeit eine
beliebte Attraktion auf dem Oktoberfest.
Um 1955

Rasant zieht das Düsenjägerkarussell seine
Kreise am Himmel über der Wiesn.
1958

Kein Wiesnbesuch ohne gebrannte
Mandeln!
Nach wie vor auf dem Oktoberfest
und auch auf der Auer Dult.
Um 1960

Die Düsenspirale, ein pseudofuturistisch in Szene
gesetzter Fahrbetrieb, der letztendlich nichts
anderes ist als eine überdachte Achterbahn.
Nur für wenige Jahre kann das Unternehmen auf
dem Oktoberfest Besucher anlocken.
Später verlieren sich die Spuren des Fahrgeschäfts
im Osten Europas.
1958

Fahrgäste schrauben sich in der Düsenspirale
nach oben.
1958

Die Himalaya-Bahn der Firma Ruprecht.
1958

Bei schönstem Wetter herrscht dichtes Gedränge
auf der Wiesn. Sonntäglich gekleidet sucht man
Ablenkung vom arbeitsreichen Alltag.
1958

Vielversprechende Ankündigungen visueller und
akustischer Art verschmelzen mit Bier, Hendl
und Mandeln zur riesigen Reizüberflutung,
der man sich für eine kurze Zeit gerne ausliefert.
1958

Das Kettenkarussell
im milden Abendlicht.
Um 1960

Der Welt Bummler, eine Mischung aus Geister-
und Achterbahn. Diese Attraktion mit phantasie-
voll gemalter Fassade wird auch von der Familie
Feldl betrieben. Anfang der 1960er-Jahre wird
dieses Fahrgeschäft dann nach Amerika verkauft.
1958

Von der Sonne geblendet stehen – der Besucher-
neugierde preisgegeben – gefiederte Schönheiten
auf der Rampe. Sie sollen zahlende Besucher ins
Zelt locken. Motto dieses Schaustellerbetriebs:
Traumfrauen-Revue.
1958

Feldl´s Völkerschau.
Die Völkerschau, eine uralte Jahrmarktattraktion,
kurz vor ihrem ganz natürlichen Ableben.
1958

Das Teufelsrad, ebenfalls von der Schaustellerfamilie Feldl betrieben – eine unsterbliche Attraktion – seit 1910 und bis heute auf dem Oktoberfest.
Nur der lüstern blickende Teufel ist inzwischen
abhanden gekommen.
1965

Eine stolze Reiterin.
Um 1955

Damenkränzchen am Schnapsstand.
Um 1955

Nachschub wird angeliefert im „Hinterhof"
der Wiesn.
1958

Mit dem Auto direkt am Oktoberfest parken?
Damals kein Problem!
Links vor der Paulskirche die Himayalabahn
(jede weitere Fahrt 1 DM) und rechts vor den
Türmen der Frauenkirche die Russenschaukel
der Schaustellerfamilie Koppenhöfer – immer
noch auf der Auer Dult und dem Oktoberfest.
1958

Bierseliges Treiben in einem Festzelt.
Es spielt die Kapelle Wastl Wild.
1961

Stimmungsvolle Stadtansicht
über dem Eingangsschlund
in die Bierhölle.
Ende 1950er-Jahre

„Die wilde Jagd", ein Springpferdekarussell,
das ab 1930 für lange Zeit seine Gäste
auf dem Oktoberfest erfreut und heute wieder
auf der „Oidn Wiesn" steht.
1961

Das Calypso, damals eine ganz neue Attraktion
auf dem Oktoberfest. Auch dieser Fahrbetrieb
erfreut heute die Besucher der „Oidn Wiesn".
1958

Im Autoscooter:
Elektrizität, Zusammenstöße ohne Folgen und
Rock 'n' Roll! Hier wird von den „Schaffnern"
noch vor der Fahrt kassiert.
1958

Lichterzauber.
1961

Die Auer Dult mit der wieder instandgesetzten
Mariahilfkirche. Der Platz ist vergleichsweise
locker besetzt.
1955

Eine junge Dultbesucherin wird für das
Familienalbum verewigt.
Um 1960

Kupfertöpfe, Teppiche, Gemälde, Wasch-
maschine – Besucher hoffen auf Schatzfunde
bei den Tandlern der Auer Dult.
Um 1960

Geschirrstand auf der Auer Dult.
Um 1965

Eine nach wie vor sehr reizvolle Situation
in Obergiesing. Blick vom Schmederersteg
zur Brücke am Nockherberg.
Um 1958

Der TSV 1860 spielt!
Alles strömt in das Stadion an der Grünwalder
Straße. Die Wohnanlage links steht noch nicht
sehr lange.
Dahinter ragen Dach und Kamin der früheren
Bergbräu-Brauerei hervor. Ganz links erkennt
man den neobarocken Bau des dazugehörigen
Gastronomiegebäudes.
Um 1965

Im Grünwalder Stadion.
Eine kleine Musikkapelle neben dem Tor soll für
Stimmung vor dem Anpfiff sorgen. Der Stadion-
rasen zeigt deutliche Spuren vorangegangener
Kämpfe. Die Abwesenheit jeglicher Farben macht
die Zuordnung zu einer bestimmten Mannschaft
unmöglich.
Um 1965

Der TSV 1860 spielt gegen den HSV. Das Spiel
endet unentschieden 1:1 mit Toren von Rudolf
Brunnenmeier und dem Ausgleich durch Uwe
Seeler. Am Ende der Spielzeit sind die Löwen
Deutscher Meister.
28. Mai 1966

Tierpark Hellabrunn

Ein Elefant des Tierparks Hellabrunn am östlichen
Isarufer. Im Hintergrund die Reichenbachbrücke
vor ihrem Umbau im Jahr 1964.
Um 1950

Ein gemeinsamer Ritt auf dem „Wüstenschiff"
im Tierpark Hellabrunn.
Um 1955

Kleiner Ausritt vor dem Elefantengehege
im Tierpark Hellabrunn.
Das Elefantenhaus im Hintergrund gehört zu den
ersten Bauten des Tierparks von 1914 und wurde
– angelehnt an einen Moscheebau – entworfen
vom Architekten Emanuel von Seidl.
Um 1955

Grünflügel-Ara
ARA CHLOROPTERA GR.
SÜD-AMERIKA

Dieser Grünflügel-Ara
lebt in Hellabrunn
seit der Eröffnung
des Tierparkes
im Jahre 1928

Ein prächtiger Grünflügel-Ara, seit 1928 Tierpark-
bewohner, mustert aufmerksam den Fotografen.
1922 muss der Tierpark wegen Geldmangels
schließen, einzelne Gebäude werden abgerissen,
andere verfallen. Erst im Jahr 1928 kann der
Tierpark wieder durch seinen neuen Direktor
Heinz Heck eröffnet werden.
Um 1955

Königspinguine bei der Fischzuteilung.
Um 1955

Verkehr

Der Flughafen Riem wurde im Zweiten Weltkrieg
stark zerstört und nach dem Krieg äußerlich nur
leicht verändert wiederaufgebaut.
Von 1939 bis 1992 in Betrieb, war er nach dem
Flughafen Oberwiesenfeld der zweite Münchner
Verkehrsflughafen.
1968

Die Flughafenhalle mit den Check-in-Schaltern.
(Im Februar 1970 töteten PLO Attentäter auf dem
Flughafengelände einen israelischen Fluggast beim
Versuch, die Passagiere einer EL-AL-Maschine als
Geiseln zu nehmen.)
1970

Der westliche Teil des Flughafengebäudes
vom Vorfeld aus gesehen.
Um 1958

Eine Super Constellation der Deutschen Lufthansa.
Um 1958

Blick von der Terrasse auf das Vorfeld in östliche
Richtung.
1960

Vickers Viscount der British United Airways.
Um 1960

Maschinen des Typs Convair CV-340 der Lufthansa
und Sabena.
August 1958

Blick von der Hackerbrücke nach Nordosten auf
das Gleisbett mit den alten Stellwerken, die ab
1964 abgerissen und durch ein einziges großes
Zentralstellwerk ersetzt werden. Im Hintergrund
die Kuppel des früheren Verkehrsministeriums.
März 1958

Von der Hackerbrücke aus gesehen im Hintergrund
die Güterhallen und ganz hinten, angeschnitten,
das frühere Bundesbahn-Zentralamt.
März 1958

Eine Personenzug-Dampflokomotive der Gattung P8
aus der Baureihe 38 von der Hackerbrücke aus
gesehen.
März 1958

Blick von der Friedenheimer Brücke in östliche
Richtung auf einen der Lokschuppen an der
Südseite des Gleisbetts.
Januar 1964

Polizeieinsatz mit dem BMW 501/502 „Barock-
engel", begleitet von regem Interesse diverser
Passanten in der Astallerstraße im Westend.
September 1962

Ein Verkehrsunfall löst großes Publikumsinteresse
aus und gibt Anlass für Diskussionen.
Westend, Mai 1963

Hier werden die übrig gebliebenen Mauerreste
im Keller des Vorgängerbaus wiederverwendet.
Baustelle an der Ecke Westend-/Astallerstraße,
Blick nach Südwest.
Juni 1955

Tankstelle mit Großgarage in Nymphenburg,
Hirschgartenallee 27.
Um 1955

Staatsbesuche und festliche Anlässe

Unter großer Beteiligung der Bevölkerung und der Medien besucht der französische Staatspräsident Charles de Gaulle vom 4. bis zum 9. September 1962 Deutschland. Nach Besuchen in Bonn und Hamburg landet er mit einer Super Constellation der Lufthansa am 8. September auf dem Flughafen in Riem.

Der französische Staatspräsident Charles de
Gaulle bei seinem Staatsbesuch am 8. September
1962 in München.
Zehntausende jubelnde Menschen säumen die
Straßen, durch die der Staatspräsident fährt.
De Gaulle wohnt für einen Tag in den Reichen
Zimmern der Münchner Residenz, für die Otto
Meitinger noch ein extra großes Bett besorgen
muss.

30 Polizisten eskortierten den Wagen von Charles de Gaulle unter Begleitung des bayerischen Ministerpräsidenten Hans Ehard von der Residenz über den Odeonsplatz in die Brienner Straße. Auf dem Odeonsplatz hielt de Gaulle in der „liebenswerten und prachtvollen Hauptstadt" vor 100.000 jubelnden Zuhörern eine Rede.

21. Mai 1965
Oberbürgermeister Hans-Jochen Vogel eilt zum
Südausgang des Hauptbahnhofs zum Empfang der
englischen Königin – 20 Jahre nach Kriegsende
der erste Besuch des englischen Königspaares in
Deutschland. Um 10 Uhr kommen Königin
Elisabeth II. von England und Prinzgemahl Philipp
im Sonderzug auf Gleis 11 im Hauptbahnhof an.

Abfahrt der Queen mit Ministerpräsident Goppel
im offenen Mercedes. Gewisse Irritationen gab es
zuvor, als nicht nur die beiden Nationalhymnen
gespielt wurden, sondern auch die Bayernhymne.

Zum Besuchsprogramm des englischen Königspaares gehören u.a. ein Besuch der Staatskanzlei,
die Eintragung ins Goldene Buch der Stadt im
Rathaus, Besichtigungen der Alten Pinakothek,
des Cuvilliés-Theaters und der Porzellanmanufaktur in Nymphenburg. Abends wird der Rosen-
kavalier im Nationaltheater gegeben und um
00:15 Uhr fährt der Sonderzug der Queen wieder
am Hauptbahnhof ab. Die Schulkinder haben
schulfrei, über 3.000 Polizisten, 1.300 Trachtler,
Fahnenträger und Schützen begleiten die Fahrten.
Der offene Wagen mit dem Königspaar in der
Prinzregentenstraße vor dem Gebäude der
Bayerischen Staatskanzlei.

Vom 31. Juli bis zum 7. August 1960 findet der
Eucharistische Weltkongress in München statt.
Im Bild der päpstliche Legat Kurienkardinal
Gustavo Testa nach der Ankunft auf dem Flug-
hafen Riem. Höhepunkt des Kongresses ist die
Schlussfeier auf der Theresienwiese, auf der sich
weit über eine Million Gläubige versammeln.

Der Trauerzug mit dem Leichnam des Ende 1960
verstorbenen Münchner Kardinals und ersten
katholischen Militärbischofs der Bundeswehr
Joseph Wendel. Im Hintergrund rechts das
Roman-Mayr-Haus, das 1969 dem allgemein
ungeliebten Neubau des Kaufhofs weichen muss.
5. Januar 1961

Der Trauerzug auf dem Weg in die Dienerstraße.
Hier gibt es doch noch eine allerletzte Lücke,
die einen Durchblick zum alten Peter erlaubt.
Die Frage nach der Zuständigkeit für die Beglei-
chung der recht hohen Beisetzungskosten führt
zu einer Auseinandersetzung zwischen der Stadt
München und dem Bundesverteidigungsministe-
rium. Erst nach längerem Hin und Her entscheidet
der damalige Verteidigungsminister Franz Josef
Strauß, dass sein Ministerium die Hälfte der
Kosten trägt.
5. Januar 1961

Feierlichkeiten zum 800-jährigen Stadtjubiläum.
Festzug am 14. Juni 1958 zum Kongresssaal des
Deutschen Museums zu einer Festsitzung des
Münchner Stadtrats mit zahlreichen Ehrengästen.
2.000 Schulkinder bilden Spalier im Tal und auf
der Ludwigsbrücke. Im Bild ganz rechts der
damalige Regierende Bürgermeister von Berlin,
Willy Brandt, neben ihm Franz Josef Strauß,
damals Bundesverteidigungsminister.

Schon Monate vorher werden die Bürger aufge-
fordert „verwitterte und abgebröckelte Fassaden
instand zu setzen", da es noch viele Häuser gibt,
die „die Spuren des Krieges, Putzschäden und
verwaschenen Anstrich" zeigen, und die Stadt-
bevölkerung wird darum gebeten, die Häuser
zumindest im Innenstadtbereich zu schmücken.
Allein am Neuen Rathaus werden 400 Fenster
dekoriert.
1958

Wintervergnügen und Fasching

Eine liebevoll geformte Schneeplastik erfreut
Passanten am Rotkreuzplatz.
Im Hintergrund das Schlosstheater-Kino,
in dem der Film „Buddenbrooks" gezeigt wird.
Januar 1960

Hier stürzt Don Quijote nahe am Stachus
unglücklich von seiner Rosinante.
1958

Das holde Märchenpaar aus dem Froschkönig
rollt am Stachus vorbei ins Eheglück.
Schneeplastiken gibt es über einige Jahrzehnte
vor allem in den Grünanlagen an der Sonnenstraße (heute Trambahntrasse) zu sehen.
Karl Valentin verewigt sie in seinem Panoptikum
in geschmolzener Form.
1958

Die schönste Eissportfläche in München ist
sicher der Nymphenburger Kanal. Dicht bevölkert
von Schlittschuhläufern ist hier das Ostende des
Kanals vor dem Hubertusbrunnen und dem
Städtischen Waisenhaus.
Februar 1960

Eisprinzessin beim Üben.
Februar 1960

An der Flosslände wird geratscht …
Januar 1960

... und in Großhesselohe auf den gefluteten
Tennisplätzen neben der Waldwirtschaft
schwungvoll getanzt.
Januar 1960.

Das Westende des Kanals im Schlossrondell mit
eher hinderlichen Schneehaufen auf der Eisfläche.
Februar 1960

Eisstockschießen vor dem Schloss Nymphenburg.
Februar 1960

Wildes Faschingstreiben
auf dem Viktualienmarkt …
Um 1955

… und schon geht jemand zu Boden!

Ein Knoblauchapostel preist sein Wundermittel an.
Um 1955

Gefühlvolle Darbietung.
Um 1955

Kleiner Kasperl, abgestellt auf dem Weiß-Ferdl-
Brunnen.
Um 1955

Weitere Kinder, auch dem Weiß Ferdl anvertraut.
Um 1955

Literaturauswahl

Bauer, Richard (Hrsg.)
Ansichten und Einsichten
Hans Grässels Fotosammlung zur
Architekturgeschichte Münchens 1860 – 1945
München 1994

Bauer, Richard
Das alte München
Photographien 1855 – 1912
Gesammelt von Karl Valentin
München 1982

Bauer, Richard / Graf, Eva (Hrsg.)
Zu Gast im alten München, Erinnerungen an Hotels,
Wirtschaften und Cafés
München 1982

Bauer, Richard / Graf, Eva
Stadtvergleich
München 1985

Bauer, Richard / Graf, Eva
Stadt im Überblick
München im Luftbild 1890 – 1935
München 1986

Bauer Richard (Hrsg.)
Links und rechts der Isar, Bilder aus dem groß-
und kleinbürgerlichen München
München 1991

Bauer, Richard (Hrsg.)
Geschichte der Stadt München
München 1992

Bauer, Richard (Hrsg.)
Ruinen-Jahre
4. Auflage, München 1995

Bayerischer Architekten- und Ingenieurverein (Hrsg.)
München und seine Bauten
München 1912

Bayerischer Architekten- und Ingenieurverband e.V.
(Hrsg.): München und seine Bauten nach 1912
München 1984

Biller, Josef H. / Rasp, Hans-Peter
München, Kunst & Kultur
3. Auflage, München 2009

von Buttlar, Adrian / Bierler-Rolly, Traudl (Hrsg.)
Der Münchner Hofgarten
Beiträge zur Spurensicherung
München 1988

Enns, Carmen M.
Münchens geplante Altstadt
München 2016

Duvigneau, Volker (Hrsg.)
Münchner Stadtbilderbuch
Ansichten aus drei Jahrhunderten
Münchner Stadtmuseum
München 1994

Fthenakis, Alexander (Hrsg.)
50, 60, 70, Architektur aus drei Jahrzehnten
im Münchner Stadtbild
München 2017

Geipel, R. / Hartke, W. / Heinritz, G.
München
Ein sozialgeographischer Exkursionsführer
Münchner Geographische Hefte Nr. 55/56
Kallmünz/Regensburg 1987

Habel, Heinrich / Hallinger, Johannes / Weski, Timm
Denkmäler in Bayern
Landeshauptstadt München Mitte (Band 1–3)
München 2009

Hederer, Oswald (Hrsg.)
Bauten und Plätze in München
Ein Architekturführer
3. Auflage, München 1985

Huber, Brigitte
Mauern, Tore, Bastionen
München und seine Befestigungen
Herausgegeben vom Historischen Verein
von Oberbayern
München 2015

Huber, Brigitte
Das neue Rathaus in München
Georg von Hauberrisser (1841 – 1922)
und sein Hauptwerk
Herausgegeben vom Stadtarchiv München
Ebenhausen 2006

Klühspies, Karl
München nicht wie geplant
Stadtpolitik, Bürgerwille und die Macht der Medien
Herausgegeben vom Münchner Forum
München 2015

Landeshauptstadt München (Hrsg.)
München wie geplant
Die Entwicklung der Stadt von 1158 bis 2008
München 2004

Landeshauptstadt München / Bayerisches Landesamt
für Denkmalpflege (Hrsg.)
Der Löwenturm in München
München 2008

Lehmbruch, Hans / Dischinger, Gabriele
Der Sendlinger-Tor-Platz in München
Stadtplanung und Stadtentwicklung um 1800
Forschungen und Dokumente
Eine Chronik in Bildern
München 1988

Megele, Max
Baugeschichtlicher Atlas der Landeshauptstadt
München
Neue Schriftenreihe des Stadtarchivs München 3
München 1951

Megele, Max
Baugeschichtlicher Atlas der Landeshauptstadt
München
Westliche Vororte der Stadt
Neue Schriftenreihe des Stadtarchivs München 7
München 1956

Megele, Max
Baugeschichtlicher Atlas der Landeshauptstadt
München
Die Stadt im Jubiläumsjahr 1958
Neue Schriftenreihe des Stadtarchivs München 10
München 1960

Nerdinger, Winfried (Hrsg.)
Architekturführer München
Berlin 1994

Petzet, Michael (Hrsg.)
Denkmäler in Bayern
Band I.1, Landeshauptstadt München
München 1985

Rädlinger, Christine
Geschichte der Münchner Brücken
Brücken bauen von der Stadtgründung bis heute
München 2008

Rädlinger, Christine
Geschichte der Münchner Stadtbäche
München 2004

Rädlinger, Christine
Geschichte der Isar in München
München 2012

Schattenhofer, Michael
Das Alte Rathaus in München
Seine bauliche Entwicklung und seine
stadtgeschichtliche Bedeutung
München 1972

Schiermeier, Franz
Stadtatlas München
Karten und Modelle von 1570 bis heute
München 2003

Schleich, Erwin
Die zweite Zerstörung Münchens
Stuttgart 1978

Stadtarchiv München (Hrsg.)
Häuserbuch der Stadt München
5 Bände
München 1958 – 1977

Stahleder, Helmut
Haus- und Straßennamen der Münchner Altstadt
München 1992

Toussaint, Angela
Der Münchner Hauptbahnhof
Stationen seiner Geschichte
Dachau 1993

Impressum

Sebastian Winkler
Franz Schiermeier

München farbig

1946 – 1965
Vom Trümmerfeld zum U-Bahnbau

© Fotos
Verlag und Bildarchiv
Sebastian Winkler
info@winkler-muenchen.de
www.winkler-postkarten.de

© Texte
Sebastian Winkler und Franz Schiermeier

Wir danken für freundliche Hinweise:
Roman Beer, Herve Landrin, Rolf Meissner,
Günther Schunn

In einigen Fällen gelang es nicht, die Rechteinhaber
einzelner Fotos zu ermitteln. Der Verlag bittet daher
sich mit ihm in Verbindung zu setzen.

2. Auflage September 2018

Layout und Satz
Franz Schiermeier

Bildbearbeitung
Edgar Hohl

Schrift
Univers von Adrian Frutiger (1957)

Gesamtherstellung
Druckservice Brucker, Mainburg

Verlag
Franz Schiermeier Verlag München
franz-schiermeier-verlag.de

ISBN 978-3-943866-64-3